신기한 스쿨버스

신기한 스쿨버스

❾ 전깃줄 속으로 들어가다

조애너 콜 글 · 브루스 디건 그림 | 이연수 옮김 | 서울초등기초과학연구회 감수

비룡소

이 책을 준비하는 데 도움을 준 코네티컷주 뉴헤이번의 예일대학교 전기공학과 학장이며, 전기공학과 응용물리학 교수인 마크 리드 박사님께 감사드립니다.
밀스톤 정보과학센터의 팀장인 로버트 본 악슨 씨,「신기한 스쿨버스™」TV 시리즈 과학 고문이신 마이클 템플턴 씨께 감사드립니다.

조애너 콜은 '교류 전류'에 대해서 친절하게 설명해 준 브루스 리드아웃 씨, '전동기'에 대해 설명해 준 빈 리커시 씨,
또 열의가 넘치고 통찰력이 뛰어난 스테파니 칼멘슨 씨,
12쪽에서 꼬마 발전소 실험을 하면서 전류가 잘 생기지 않아 고생한 스콜라스틱 편집자 로런 톰프슨 씨,
또 꼬마 발전소 만드는 법을 가르쳐 준 마이클 템플턴 씨께 감사드립니다.
브루스 디건은 코네티컷주 발전소에서 전기에 대한 모든 것을 가르쳐 준 빌 스택스, 체릴 유이, 샤를리에 샤핀, 레이 플루, 태시 브리트 씨께 감사드립니다.

❾ 전깃줄 속으로 들어가다

1판 1쇄 펴냄 — 2000년 2월 22일, 1판 49쇄 펴냄 — 2018년 1월 18일
2판 1쇄 펴냄 — 2018년 11월 15일, 2판 6쇄 펴냄 — 2022년 8월 1일

글쓴이 조애너 콜 그린이 브루스 디건 옮긴이 이연수 감수 서울초등기초과학연구회
펴낸이 박상희 편집장 전지선 편집 김지호 디자인 정다울 펴낸곳 ㈜비룡소
출판등록 1994. 3. 17.(제16-849호) 주소 06027 서울시 강남구 도산대로1길 62 강남출판문화센터 4층
전화 영업 02)515-2000 팩스 02)515-2007 편집 02)3443-4318,9 홈페이지 www.bir.co.kr
제품명 어린이용 각양장 도서 제조자명 ㈜비룡소 제조국명 대한민국 사용연령 3세 이상

The Magic School Bus®: and the Electric Field Trip by Joanna Cole and illustrated by Bruce Degen
Text Copyright © 1997 by Joanna Cole
Illustrations Copyright © 1997 by Bruce Degen
All rights reserved.
Korean Translation Copyright © 1999 by BIR Publishing Co., Ltd.
Korean translation edition is published by arrangement with Scholastic Inc., 555 Broadway, New York, NY 10012, USA through KCC(Korea Copyright Center Inc.), Seoul.
Scholastic, THE MAGIC SCHOOL BUS®, 신기한 스쿨버스™ and/or logos are trademarks and registered trademarks of Scholastic, Inc.

이 책의 한국어판 저작권은 ㈜한국저작권센터(KCC)를 통해 Scholastic, Inc.와 독점 계약한 ㈜비룡소에 있습니다.
저작권법으로 한국 내에서 보호를 받는 저작물이므로 무단 전재와 무단 복제를 금합니다.

ISBN 978-89-491-5409-1 74400/ ISBN 978-89-491-5413-8(세트)

* 뒤표지의 초등 3~4학년 과학 교과 단원은 출판사마다 순번이 달라 번호를 표기하지 않았습니다.

그런데, 프리즐 선생님이 이따금 창밖을 내다보며 중얼거리는 거예요.
"올 때가 됐는데……." 우리는 칠판에 전기를 사용하는 물건을 쭉 적다가 궁금해서 질문했죠. "선생님, 대체 누가 온다는 거예요?"

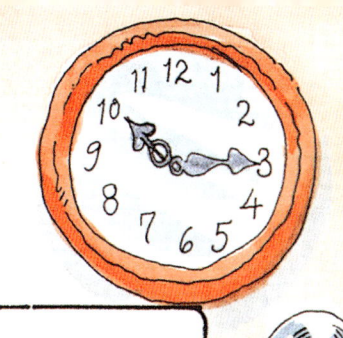

전기를 사용하는 물건들

- 전등
- 컴퓨터
- 학교 종
- 선풍기
- 시계
- 텔레비전
- DVD 플레이어

프리즐 선생님 같은 분이 또 있을까?

당연히 없지.

옷만 봐도 알잖아.

막강한 힘을 가진 전기에 대해서……

현명하게! 안전하게!

전기는 우리한테 쓸모가 많지만 위험할 수도 있어요.

전기 때문에 다칠 수도 있고, 심하면 죽을 수도 있죠.

전기가 흐르는 곳이나 물건 주위에서는 꼭 조심하세요!

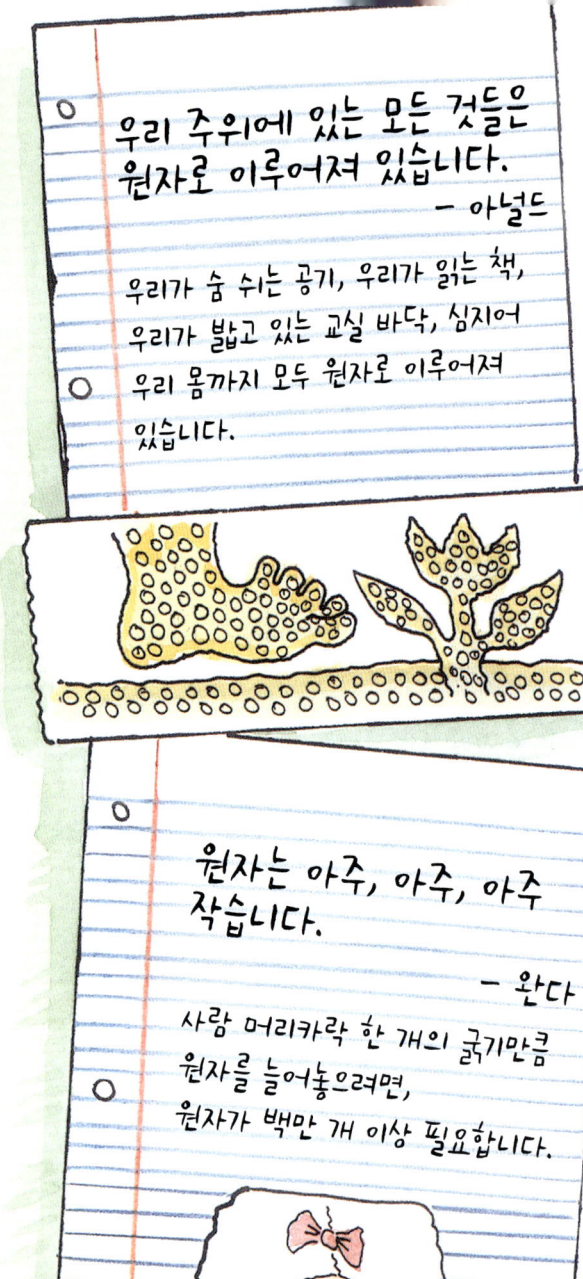

바로 그때, 붉은색 곱슬머리 아이가 재주를 넘으며 교실로 들어왔어요.
"발레리 고모, 안녕?" 그러자 선생님이 말했어요.
"내 조카 도티가 우리 반에 구경 왔어요. 도티, 지금은 전기를 공부 중이야."
도티는 과학에 관심이 무척 많은 것 같았어요. 꼭 프리즐 선생님처럼요.

와! 난 전기가 진짜진짜 좋아!

전기에 대해 알려면 먼저 원자에 대해 배워야 해.

와! 난 원자도 진짜진짜 좋아!

창밖으로 보이는 하늘이 점점 어두워지더니 큰 빗방울이 뚝뚝 떨어지기 시작했어요. 프리즐 선생님이 전깃줄 다발을 가져와 말했죠.
"내가 비닐 껍질을 벗겨서 전깃줄 속에 있는 구리 선을 보여 줄게요."

> 전자는 금속으로 된 선을 통해서 이동해요. 비닐 껍질은 전자가 전깃줄 밖으로 달아나지 못하게 해 주고, 사람이 감전되지 않게 해 줘요.

> 아! 그러니까 전깃줄은 전자들이 다니는 고속도로네요.

전류가 잘 흐르는 물질
― 카를로스

어떤 물질에서는 전류가 잘 흐릅니다. 왜 그럴까요? 전류가 잘 흐르는 물질에 있는 전자는 원자에 헐겁게 묶여 있습니다. 따라서 전자가 원자와 원자 사이를 쉽게 이동할 수 있기 때문에 전류가 잘 흐릅니다.

전류가 잘 흐르는 물질(도체):
금속, 묽은 염산(산성 용액), 소금물(염기성 용액)

전류가 잘 흐르지 않는 물질

또 어떤 물질에 있는 전자는 원자에 단단하게 묶여 있습니다. 따라서 전자가 쉽게 이동할 수 없습니다. 이런 물질에서는 전류가 잘 흐르지 않습니다.

전류가 잘 흐르지 않는 물질(부도체):
플라스틱, 고무, 나무, 유리, 공기

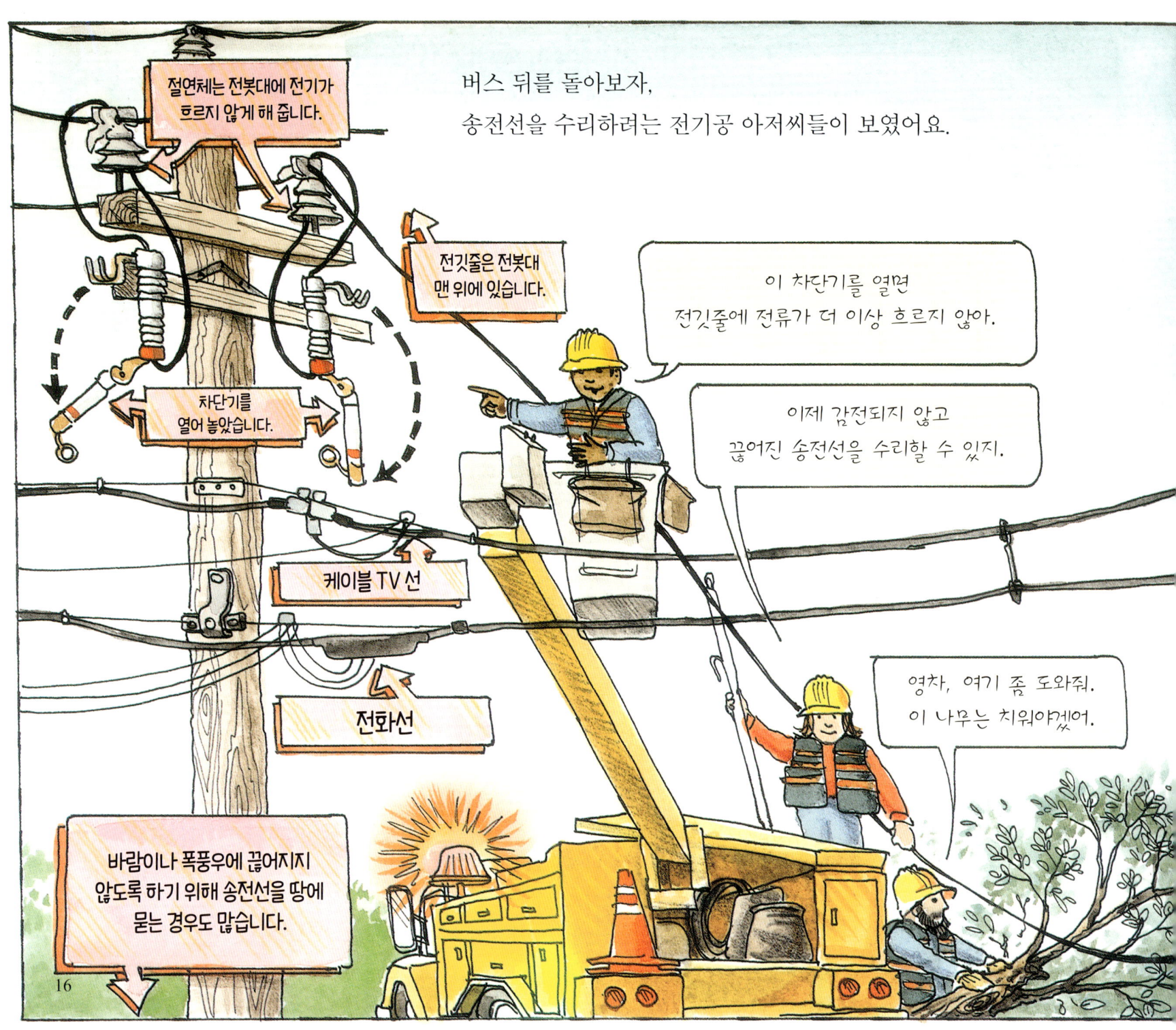

바로 앞에 도시에 전기를 공급하는 발전소가 나타났어요. 발전소는 건물 여러 개가 모여 있어서 마치 작은 도시 같았죠. 선생님은 저 건물들 안에 전기를 만드는 장치가 있다고 얘기했어요. 그러자 도티가 기다렸다는 듯이 발전소를 보러 가자고 말했죠. 프리즐 선생님이 소리쳤어요.
"도티, 너무 좋은 생각이구나! 자, 여러분, 꽉 잡아요!"

난 어른이 되면 발레리 고모처럼 되고 싶어.

걱정 마. 벌써 넌 프리즐 선생님과 똑같아.

끊어진 송전선을 고치는 법

① 차단기가 모두 열려 있는지 확인한 후 일을 시작합니다.

② 끊어진 송전선 양쪽을 잡아당깁니다.

밧줄과 도르래

③ 송전선을 스플라이서로 연결합니다.

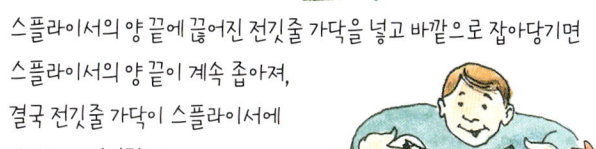

스플라이서의 양 끝에 끊어진 전깃줄 가닥을 넣고 바깥으로 잡아당기면 스플라이서의 양 끝이 계속 좁아져, 결국 전깃줄 가닥이 스플라이서에 탄탄하게 연결됩니다.

④ 송전선을 제자리에 놓습니다.

⑤ 차단기를 닫습니다. 이제 전류가 흐를 수 있습니다.

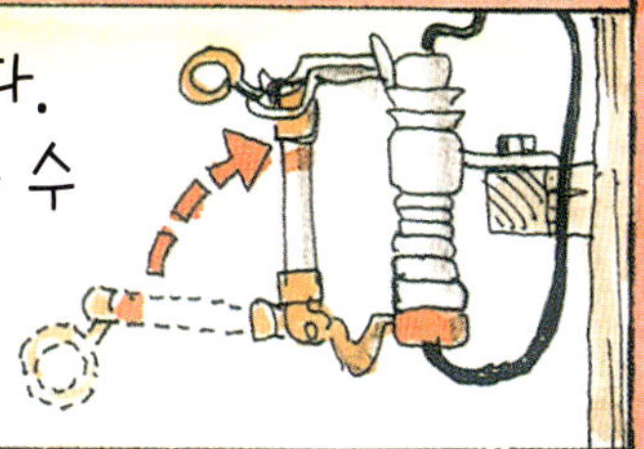

⑥ 그럼 다 끝났습니다! 다음 일터로 출발~

발전소는 굉장해!
— 존

발전소는 대부분 열을 이용해 전기를 만들어 냅니다. 그 열은 석탄, 석유, 천연가스 같은 연료를 태워 만듭니다.

석탄 / 석유 / 천연가스

좋은 점
연료를 태우면 전기를 많이 만들어 낼 수 있습니다.

나쁜 점
연료를 태울수록 공해는 심해집니다.

핵반응을 이용해 열을 얻어 내는 원자력 발전소도 있습니다.

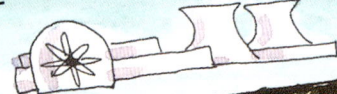

좋은 점
원자력 발전소는 적은 연료로 전기를 많이 만들어 낼 수 있습니다.

나쁜 점
원자력 발전소는 핵폐기물을 만들어 냅니다.

여러분, 연료란 우리가 에너지를 만들기 위해 태우는 것들을 말해요.

내가 예전에 다니던 학교에선 에너지를 만든다고 애들을 태우는 법은 없었어.

발전소에 도착하자, 프리즐 선생님이 우리한테 불을 막을 수 있는 방화복을 건네며 말했어요.
"연료 공급 과정부터 살펴보도록 해요."
말이 끝나기가 무섭게 선생님은 버스 계기판에 있는 작은 단추를 눌렀죠.
그러자 고물 버스는 신기한 스쿨 화물 트럭으로 변했어요.
선생님이 소리쳤어요. "배달 왔어요!"

으악, 갑자기 트럭의 화물칸이 기울어지더니,
우리가 석탄 저장함 쪽으로 굴러 들어갔어요.
석탄 저장함에 도착하자마자 우리는 곧장 불이 활활 타는
화로 안으로 미끄러져 들어갔지요.
프리즐 선생님이 말했어요.
"석탄을 태워 만든 이 열이 무엇에 쓰이는지 보세요."

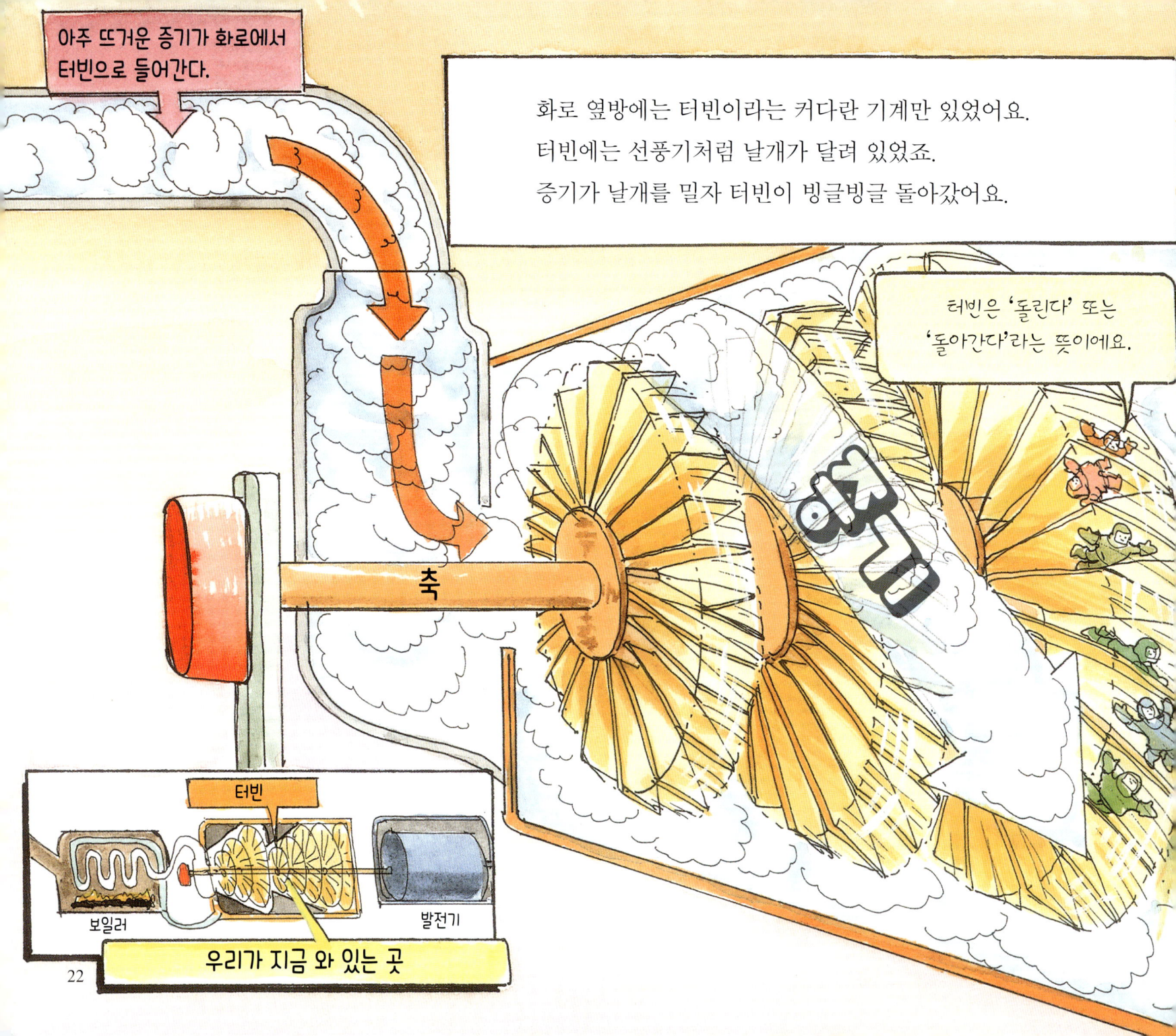

터빈이 돌자 금속으로 된 축도 돌았어요.
우리는 축을 따라 빙글빙글 돌다가 또 그 옆방으로 들어갔죠.
프리즐 선생님이 말했어요.
"자, 왜 빙글빙글 돌리는지 보러 가요."
우리는 너무 어지러워서 대답조차 할 수 없었답니다.

증기가 터빈을 돌립니다.

그리고 터빈은 축을 돌리고.

축은 우리를 돌리지. 윽!

축

보일러   터빈   발전기

우리가 지금 와 있는 곳

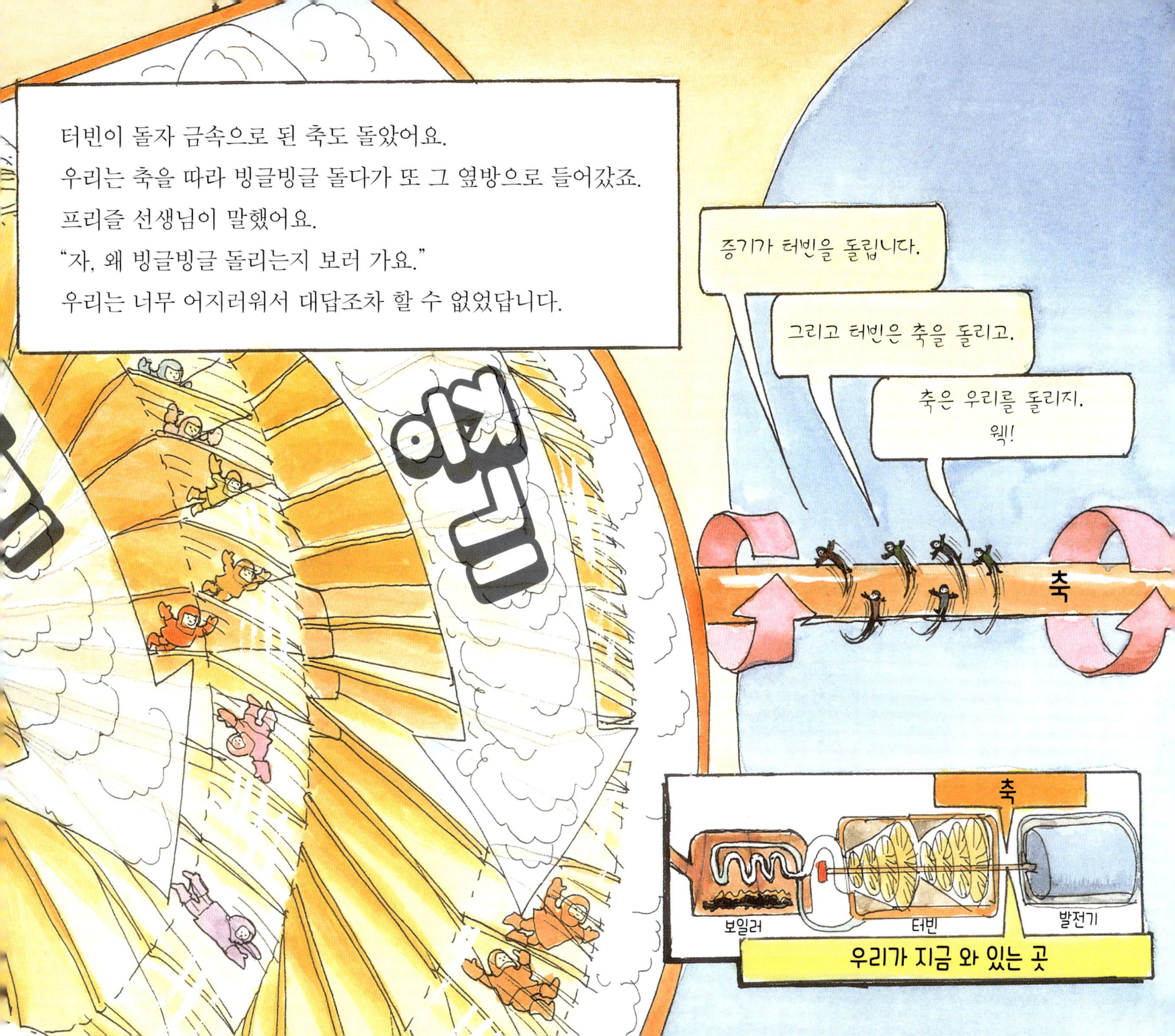

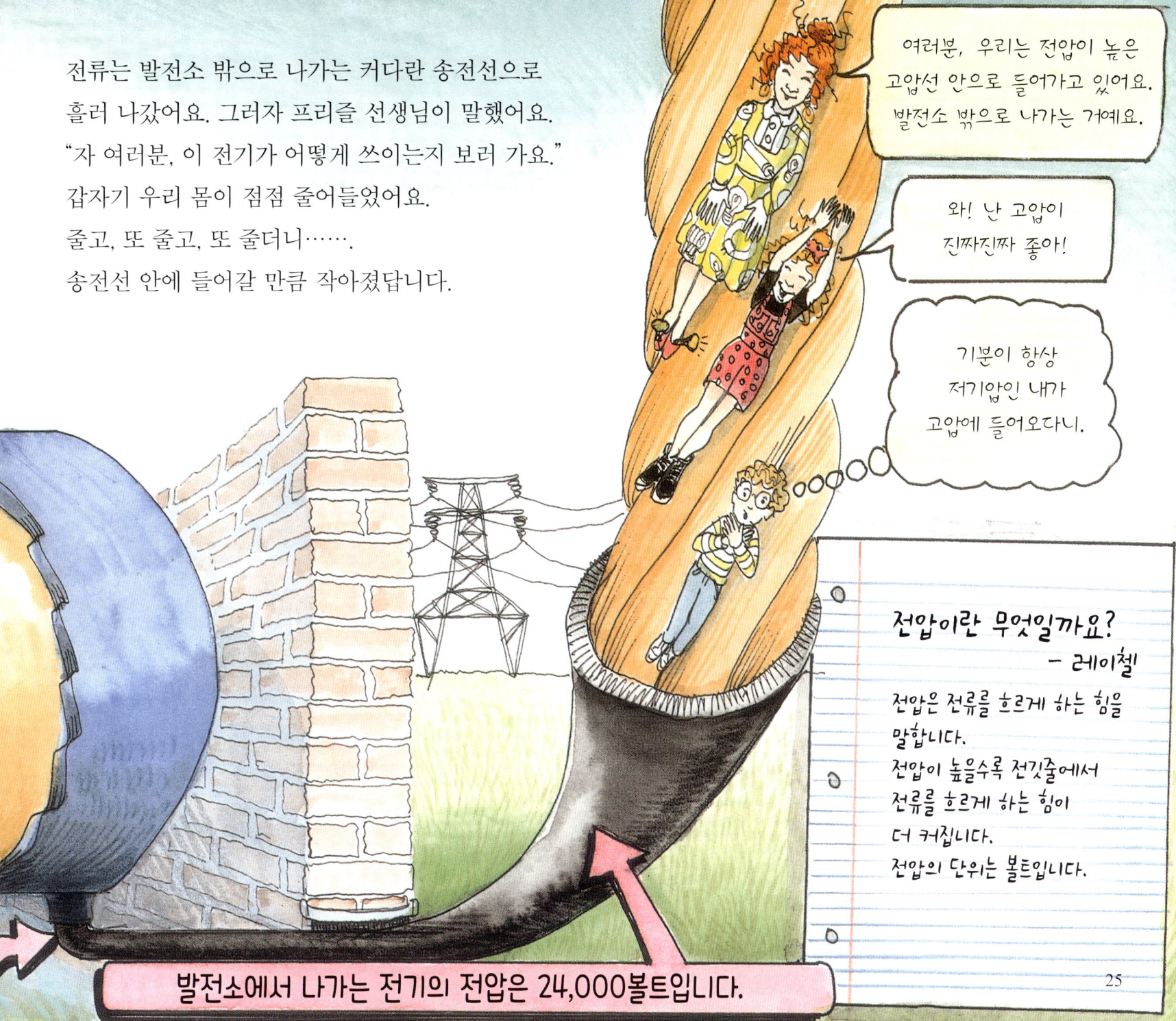

가는 길에 우리는 변전소에 잠깐 들렀어요. 변전소는 전압을 높거나 낮게 만들어 줘요. 전압이 높아지면 전류가 더 멀리까지 갈 수 있어요. 그러나 공장이나 큰 건물에서는 다시 전압을 낮춰 써요. 작은 건물이나 가정집에서는 이보다 더 전압을 낮춰 써요.

누군가 물었어요. "지금 어디 가는 거예요?"

프리즐 선생님이 태연하게 대답했죠. "우리는 지금 백열전구로 가고 있어요."

전깃줄에서 전자는 한 방향으로만 흐를까요?
— 아널드

아닙니다.
전깃줄에 흐르는 전류는 1초에 수천 번 방향을 바꿉니다. 이런 전기를 방향을 바꾸는 전류라는 뜻에서 '교류 전류'라고 합니다.

왜 선생님께서 우리를 백열전구로 데려가시는 거지?

형광등으로는 가기 싫으신가 봐.

그렇지?

과학 낱말 공부 하나 더
— 도로시 앤

변전은 '전압을 바꾼다'는 뜻입니다. 변전소에서는 낮은 전압을 높게, 또는 높은 전압을 낮게 바꿔 줍니다.

2차 변전소에서는 공장이나 큰 건물에서 쓸 수 있도록 전압을 내려 줍니다.

22,900볼트까지 내려 줍니다.

변전기는 가정집에서 쓸 수 있도록 전압을 더 내려 줍니다.

110볼트나 220볼트로 내려 줍니다.

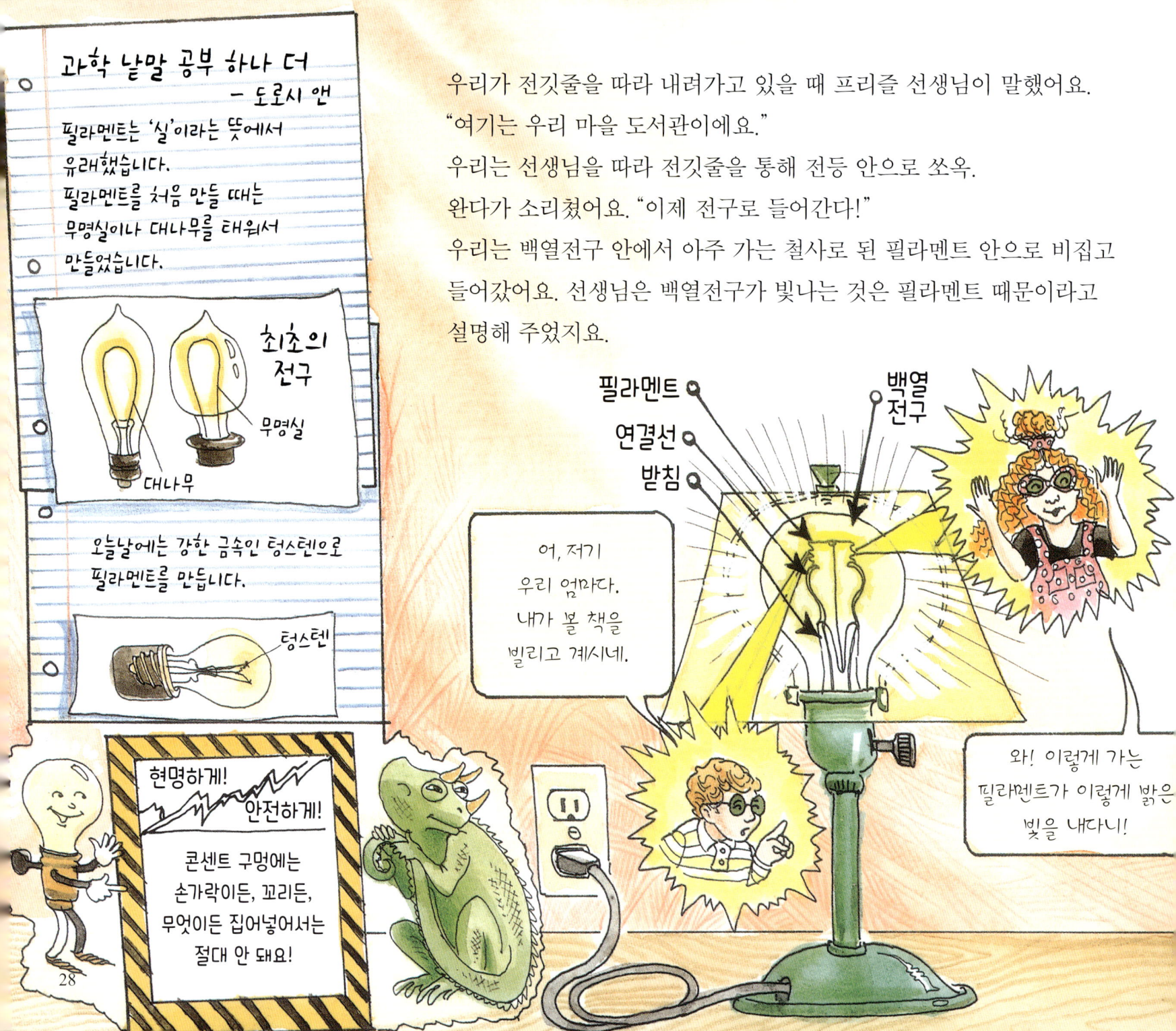

가느다란 필라멘트 속으로 전자 수억 개가 동시에 들어갔어요.
그러자 필라멘트가 하얗게 달아오르고 뜨거워지며 빛이 났어요.
우리는 모두 선글라스도 못 써 보고 백열전구 안을 들어갔다 나왔답니다.
그리고 나서 우리는 도서관에서 나왔어요.
책 한 권도 빌리지 못하고요!

토스터 전열선이 빵을 구웠어요. 갑자기 배에서 꼬르륵꼬르륵…….
그제야 우리는 점심 시간이 되었다는 걸 알았답니다.
프리즐 선생님은 배가 고프지 않은지 현장 학습을 이어 갔죠.
우리는 식당을 나와서 다시 송전선 안으로 들어갔어요.
선생님이 돌아보며 말했어요. "이제 누군가 사는 집에 가 볼 거예요."
피비가 중얼거렸어요. "누구네 집일까?"

구운 참치샌드위치 하나요!

참치샌드위치 추가요!

아, 너무 늦었어. 그냥 가야겠군.

패스트푸드가 우리보다 느리다니!

전기 기구에서 열이 나는 것은 그 안에 전열선이 있기 때문입니다.

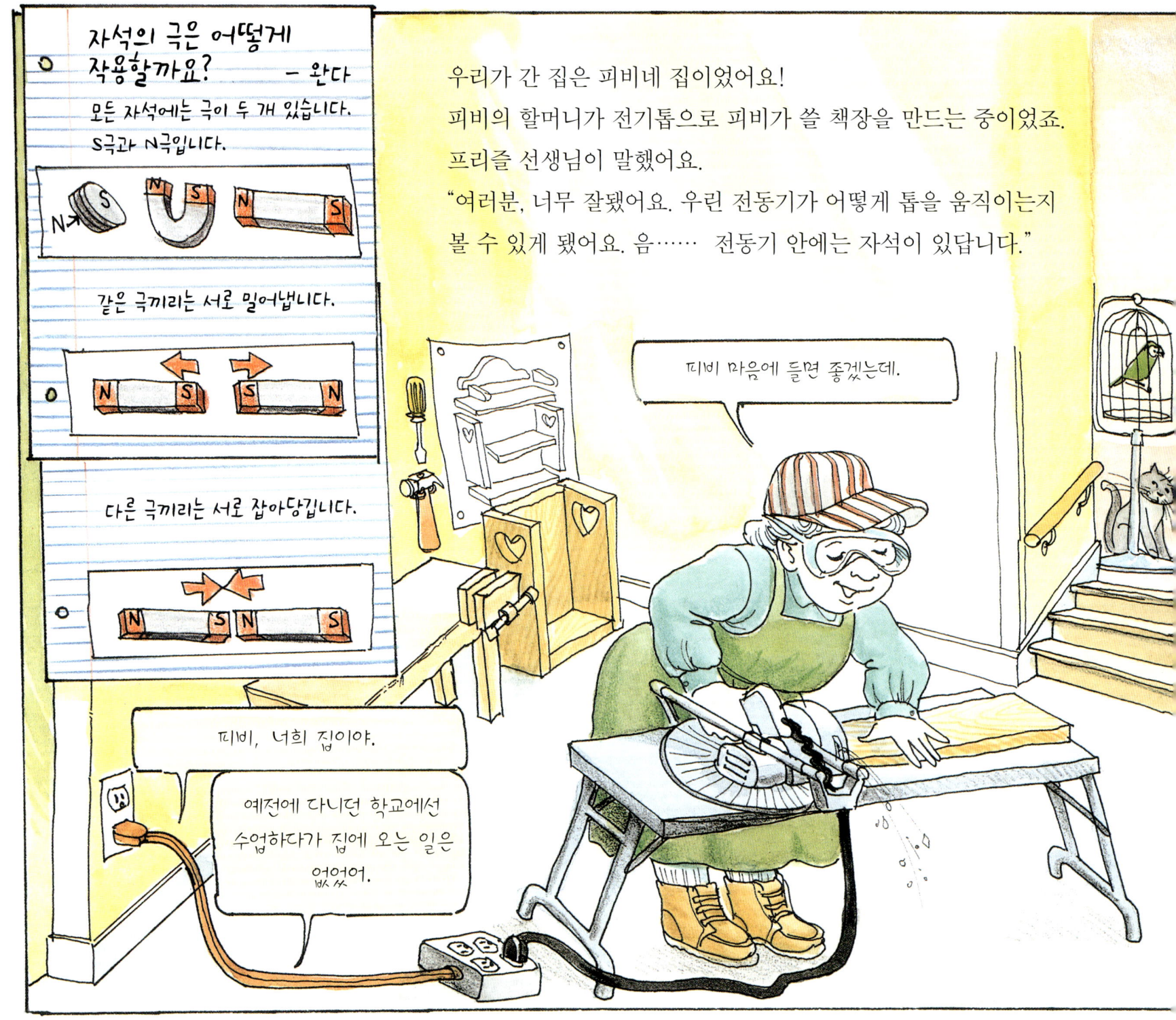

프리즐 선생님이 계속 설명했어요.
"자석으로 어떻게 전류를 만들었는지 기억나죠? 그런데 그것과 반대 작용도 있어요. 전류가 흐르는 금속 조각이 자석으로 변할 수 있거든요. 이런 자석을 전자석이라고 해요.
이 전자석이 전동기를 돌리는 거죠."

프리즐 선생님이 말했어요. "이제 전동기 여행을 시작할 거예요."
우리는 전깃줄을 타고 달려가 전동기 안으로 쏘옥.
전동기 안에서는 모든 것이 빙빙 돌고 흔들리고 있었어요.

전동기는 움직이는 기계야.

이렇게 많이 움직이는 건 진짜진짜 좋아.

전동기는 어떻게 움직일까요?

전동기 안에 있는 전자석이 '회전자'라는 움직이는 부분을 돌립니다.

1. 전자석은 '고정자'라는 움직이지 않는 부분에 고정되어 있습니다.

2. 또 다른 자석이 회전자라는 움직이는 부분에 고정되어 있습니다.

3. 고정자에 달린 전자석의 N극이 회전자에 달린 자석의 S극을 끌어당깁니다. 그래서 회전자가 돌게 됩니다.

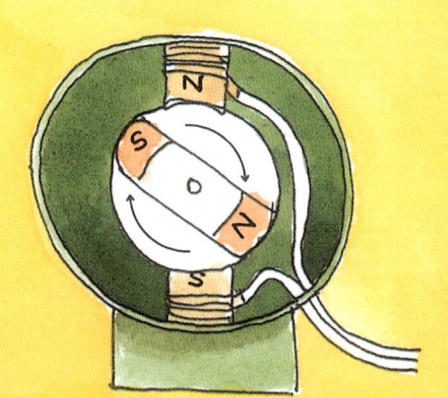

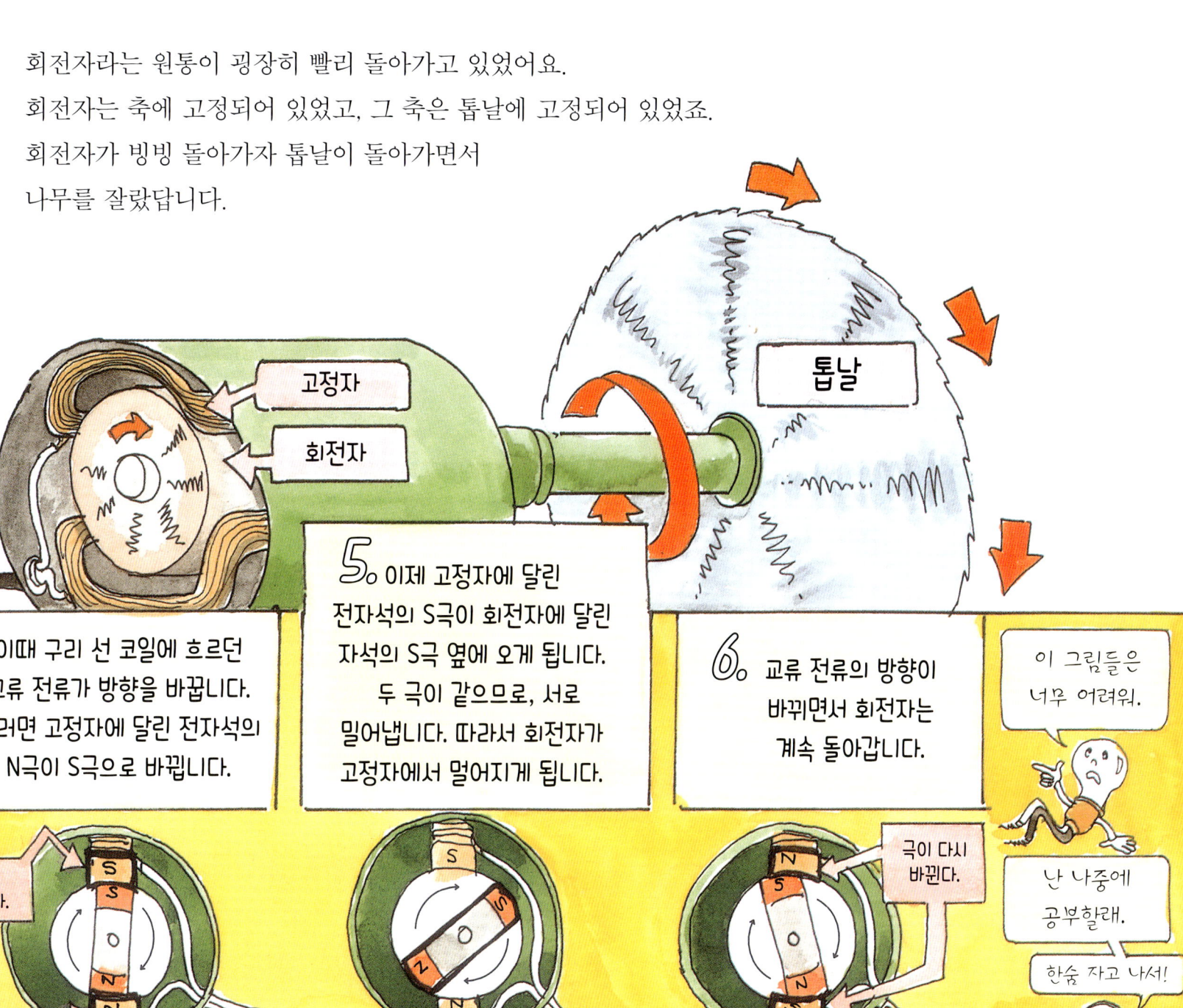

프리즐 선생님이 소리쳤어요. "자, 이쪽으로, 이것을 봐야 해요."
선생님은 전기톱에서 나와 콘센트로 들어가더니 벽에 있는 전깃줄을 따라갔어요.
그러고는 다른 콘센트로 나와 진공청소기에 연결된 전깃줄 속으로 쏘옥.

진공청소기 안에 있는 전동기는 전기톱 안에 있는
전동기와 똑같은 거예요.

다른 점이라면 톱날을 돌리는 대신
바람을 일으키는 송풍기를 돌린다는 거죠.

아하, 송풍기가 공기를 청소기 안으로 빨아들이는군요.

공기가 빨려 들어가면서
먼지도 함께 빨려 들어가는구나.

으악, 난 먼지가 아니야.

필터를 통과한 공기를 밖으로 뿜어낸다.

주머니

먼지

공기와 먼지

송풍기

솔

전동기

축

공기와 먼지

37

우리는 힘껏 할아버지를 불렀어요.
하지만 할아버지께 들릴 리가 있나요. 피비는 걱정을 했어요.
왜냐하면 수업을 마친 후에 태권도 반에 가야 하거든요.
다른 아이들은 축구 시합을 하기로 했었죠. 하지만 어쩌겠어요.
진공청소기 스위치 안에 꼼짝없이 갇혔으니 말이에요!

할아버지! 살려 주세요!

안 들려. 지금 텔레비전 보고 계시잖아.

정말 교육적인 프로그램을 보고 계시네.

먼지 먹는 **괴물**

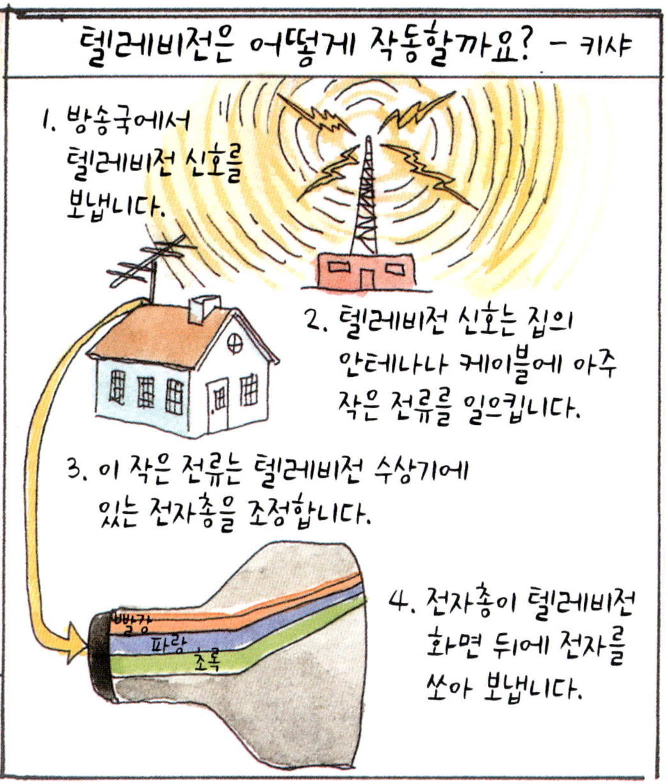

텔레비전은 어떻게 작동할까요? - 키샤

1. 방송국에서 텔레비전 신호를 보냅니다.

2. 텔레비전 신호는 집의 안테나나 케이블에 아주 작은 전류를 일으킵니다.

3. 이 작은 전류는 텔레비전 수상기에 있는 전자총을 조정합니다.

4. 전자총이 텔레비전 화면 뒤에 전자를 쏘아 보냅니다.

5. 텔레비전 화면은 인광 물질로 이루어진 점 수천 개로 덮여 있습니다.

6. 전자가 인광 물질로 된 점에 닿으면 그 점이 빛납니다.

7. 인광 물질로 된 점이 화면에 모양을 만듭니다.

화면 잘 보이죠?

할아버지는 진공청소기 스위치를 다시 켰어요.
스위치 안에서는 회로가 맞닿는 접촉자가 다시 연결되어서 전기가 흘렀어요.
프리즐 선생님이 외쳤어요.
"여러분, 이제 학교로 돌아갈 시간이에요."
우리는 스위치를 빠져나와 전깃줄을 통해 바깥 송전선으로
나왔답니다. 그리고 쭉 길을 따라 내려가
학교 벽 속에 있는 전깃줄 속으로 쏘옥.

난 현장 학습이 진짜진짜 좋아!

난 다 끝나고 돌아가는 게 더 좋은데.

현명하게! 안전하게!

전깃줄 껍질이 닳아 있거나, 찢어져 있거나, 망가져 있으면, 그 전기 기구는 절대 사용하면 안 돼요.

우리는 콘센트 구멍으로 나와 바닥 닦는 기계에 달린 전깃줄 속으로 또 들어갔어요. 이러다가 영영 못 나가면 어떡하죠?
이런 걱정을 하는 순간, 우리는 원래 크기로 돌아왔어요.
어찌 된 거냐고요?
다행히 전깃줄 껍질이 벗겨져 생긴 구멍으로 나올 수 있었죠.

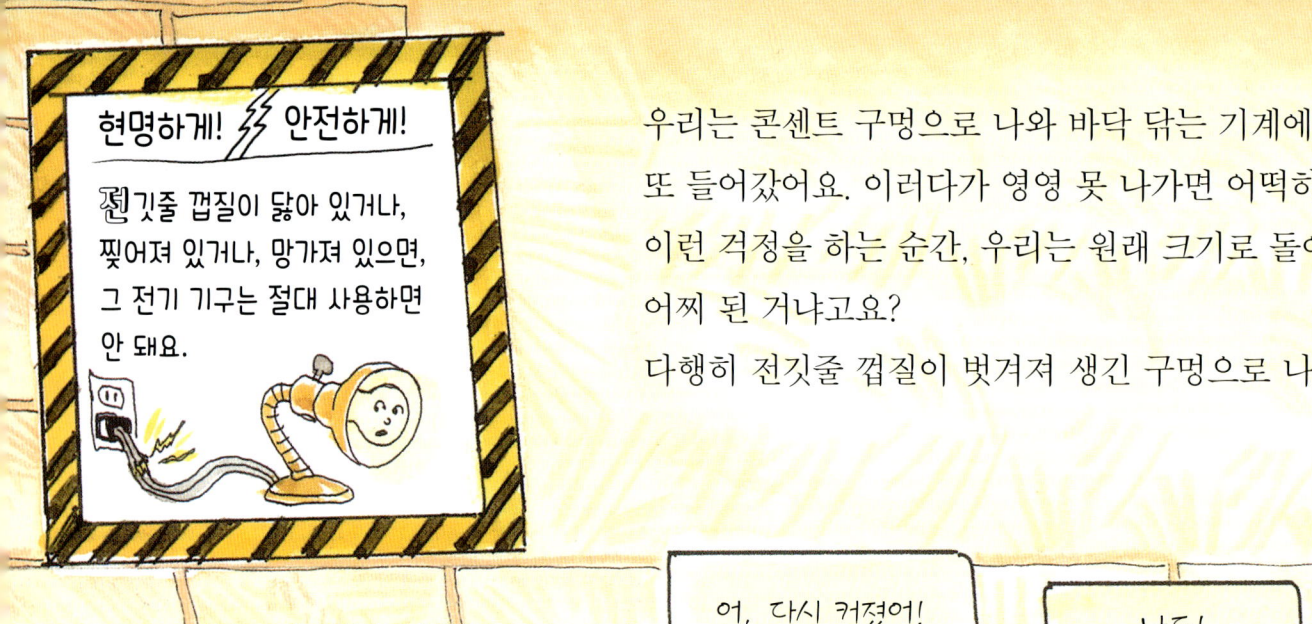

어, 다시 커졌어!

나도!

하느님, 감사합니다.

과학 전시회에 오세요!
짜릿함을 느낄 수 있습니다.

여느 때처럼 이제 우리 반에 있는 모든 것이
다시 정상으로 돌아왔어요.
아차, 프리즐 선생님만 빼고요!

방법

⑤ 자석이 돌면서 전기가 생깁니다.

"선생님 옷 좀 봐!"

"으...... 불길한 예감이 들어!"

엉뚱한 생각
전등 꽃 —카를로스

숙제–내일까지 꼭!

다음 전기 기구는
어떻게 작동할까요?
— 정답을 맞혀 보세요 —

다리미

다리미가 열을
내려면 _____이(가) 필요합니다.

가. 새끼 고양이   나. 전열선
다. 털양말

전기 드릴

전기 드릴 맨 끝에 달려 있는 날을 돌리려면
_____가(이) 필요합니다.

가. 전동기   나. 고무줄
다. 고무 오리 인형

헤어드라이어

헤어드라이어는 열을 냅니다. 또 바람까지
함께 내보내기 위해 날개가 돌아가는
부분도 있습니다.
따라서 헤어드라이어에는
_____과(와) _____가(이)
필요합니다.

가. 전열선과 오이지
나. 오이지와 전동기
다. 전열선과 전동기

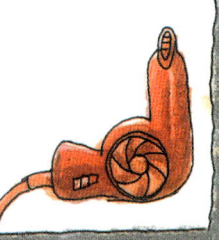

신기한 과학 암기 카드 게임을 해 보자!

❶ 캐릭터가 크게 그려진 쪽이 보이게 카드를 흩트려 놓고, 가위바위보를 한다.
❷ 이긴 사람이 'Q' 카드 중 한 장을 골라 질문을 크게 읽는다.
❸ 그런 다음, 'A' 카드도 한 장 골라 답을 크게 읽는다.

리즈
특징: 과묵하지만 사실 누구와도 대화할 수 있음.

에너지 소비 효율 등급을 보면 돼요! 1등급부터 5등급까지 있어요.
1등급에 가까울수록 전기를 아껴 쓰는 기구예요.

프리즐 선생님
가장 좋아하는 시간: 과학 수업 시간.

공해 없이 전기를 만드는 방법을 얘기해 볼까요? 다섯 가지쯤 생각해 보세요.

백열전구
가장 소중한 것: 필라멘트.
두 번째로 소중한 것: 전기.

화로에 불을 때야 물을 끓이고 증기를 얻을 수 있거든. 증기의 힘으로 자석을 돌려서 전기를 만들어. (잘 기억나지 않으면 책 19~25쪽을 다시 펴 봐!)

막대자석
가장 친한 친구: 말굽자석.

암페어, 볼트, 와트가 무슨 뜻이에요?

도티
가장 좋아하는 어른: 발레리 고모.

전자석이요! 전류가 흐르면 금속이 자석으로 변해서 전동기를 돌려요. 전자석은 진짜진짜 멋져요!

키샤
요즘 특히 친하게 지내는 친구: 아널드.

번개 칠 때 왜 조심해야 하게? 정답 아는 사람 있어?

❹ 그 답이 질문에 알맞은 답이면 'Q'와 'A' 카드를 모두 가져오고, 'Q' 카드를 다시 한 장 고른다.
❺ 틀린 답이면 'Q'와 'A' 카드를 모두 캐릭터가 크게 그려진 쪽이 보이게 내려놓는다.
❻ ②~⑤를 반복한다.
❼ 질문인 'Q' 카드와 그에 알맞은 답인 'A' 카드를 짝지어 3쌍의 카드를 먼저 가지는 쪽이 승리!

존슨 아저씨 자랑거리: 잘 기른 콧수염.	 **도로시 앤** 자기 전에 꼭 하는 일: 책 읽기.	 **마이클** 새로 생긴 취미: 큰 건물에 들어가면 콘센트가 어디에 있는지 찾아보는 것.
냉장고나 텔레비전이 전기를 아껴 쓸 수 있는 전기 기구인지 알아보려면 어떻게 해야 할까요?	태양열, 지열, 수력, 풍력, 조력을 이용해서 발전하는 거예요.	화력 발전소에서 전기를 만드는 데 화로가 왜 필요한지 알아?
아널드 오늘의 걱정: 프리즐 선생님이 두 명이 되면 어떡하지?	**피비의 할머니** 특기: 목공. 나무를 자르고 붙여 뚝딱뚝딱 뭐든 만든다.	**뤼긴** 하고 싶은 말: 도서관의 책을 소중히 다뤄 주세요.
내가 정답을 알지! 번개는 전기이고, 우리 몸은 전기가 잘 통하기 때문이야.	전기톱에는 톱을 움직이는 전동기가 들어 있단다. 전동기를 돌리는 게 뭔지 아니?	'암페어'는 전류의 양을 나타내는 단위이고, '볼트'는 전압의 단위야. '와트'는 1볼트의 전압으로 1암페어가 흐를 때의 전력의 크기를 나타내는 단위란다.

글쓴이 조애너 콜

어린 시절 벌레, 곤충을 다룬 책들을 즐겨 읽는 과학 소녀였습니다. 초등학교 교사, 사서, 어린이 책 편집자로 일하다가, 어린이 문학과 과학 지식을 결합한 어린이 책을 쓰기로 결심했습니다. 첫 번째 책 『바퀴벌레』를 시작으로 90권이 넘는 책을 펴냈고, 2020년 7월 세상을 떠났습니다. 그중 가장 널리 알려진 「신기한 스쿨버스」 시리즈로 워싱턴 포스트 논픽션상, 데이비드 맥코드 문학상 등 많은 상을 받았습니다.

그린이 브루스 디건

미국 뉴욕 쿠퍼 유니언 대학과 프라트 대학에서 일러스트를 공부했습니다. 「신기한 스쿨버스」 시리즈를 비롯해 「프리즐 선생님의 신기한 역사 여행」 시리즈, 「토드 선장」 시리즈 등 40권이 넘는 어린이 책에 그림을 그렸습니다.

옮긴이 이연수

서울대학교 천문학과를 졸업하고 지금은 과학 관련 도서를 번역하고 있습니다.

감수 서울초등기초과학연구회

서울시 교육청 관내 초등교사 100여 명이 모인 연구회로, 과학책을 편찬하고 교육 프로그램을 개발하여 현장에 적용하고 있습니다. 특히 한국연구재단과 함께 '금요일의 과학터치' 사업을 10년째 운영하며, 초등 과학 교육의 대중화에 앞장서고 있습니다.

전 세계 1억, 국내 1천만의 신화, 어린이 과학책의 베스트셀러

신기한 스쿨버스™ 시리즈

신기한 스쿨버스™ 키즈 (전 30권)
조애너 콜 글·브루스 디건 그림 | 이강환, 이현주 옮김 | 5세 이상
우리 아이의 첫 과학 그림책. 아이가 좋아하는 내용으로 **과학 호기심이 쑥쑥**.

과학탐험대 신기한 스쿨버스™ (전 11권)
조애너 콜 외 글·브루스 디건 외 그림 | 이한음, 이강환, 김현명 옮김 | 6세 이상
혼자 읽기 좋은 과학 동화. 읽기 적당한 분량으로 **과학과 책 읽기에 자신감이 쑥쑥**.

신기한 스쿨버스™ (전 13권)
조애너 콜 글·브루스 디건 그림 | 이강환, 이연수, 이한음 옮김 | 8세 이상
전 세계에서 사랑받는 과학책의 베스트셀러. 더 많은 정보로 **과학 이해력이 쑥쑥**.